JN439759

들불

신보성 제3시집

시인의 말

대학 강단에서 법의 이념으로서의 정의가
무엇인가를 강의해 온 본인이
전공학문과는 사뭇 거리가 있는 문학의 길을
발견한 것은 행운이었습니다.

예나 지금이나 계절 따라 피고 지는 꽃인데도
시인의 눈으로 바라보는 꽃은
형상과 의미가 전혀 새롭게 느껴지는 것이었습니다.
어찌 꽃뿐이겠습니까.
인생이 그러했습니다.

본인은 제1시집과 제2시집에서
가신 님 그립고 못다 푼 회포가
너무나 원통하고 가슴 아파 부끄러움도 없이
저잣거리에서 목 놓아 울었습니다.

시집을 읽어본 독자들이 함께 울어주었습니다.
너무나 감사했습니다.
이번에 발간하는 제3시집은
울음을 그치려고 무던히 노력했으나
아직 눈물자국이
완전히 마르지는 않았습니다.

본인이 한 해에 한 권씩 시집을
내놓을 수 있는 것은
오로지 독자 여러분의 성원과 격려가
있었기 때문입니다. 감사합니다.

2011년 12월

차례

1부

2부

3부

4부

5부

1부

들불

저건
부활의 몸짓이다
미움을 태워버린 사랑의 화신이다
썩어진 밀알의 푸르른 새싹이다
더러움 씻어내는 연꽃의 축제이다
새 쑥을 움틔우는 벌레들의 번제이다

농부들은
식어버린 들불의 재에서
사리를 찾으려 하지 않고
무녀처럼 춤추는 나신의 치마폭에
오염되지 않을 푸성귀 몇 포기쯤 바라는
소박한 원을 담아 재를 올린다

저건 억눌린 백성들의 신음소리다
절망의 늪에서 소리치는
한 가닥 희망의 울부짖음이다
아니, 아니,
저것은 외나무다리에서 만난 원수들이
나누는 화해의 술잔이어야 한다

저것은
불타가 행하시는 자비의 설법이다

개나리

노랑 댕기 입에 물고 임 기다린다
수줍어 팔딱이는 가슴 설레고
가녀린 몸매
엎드린 담장 위에서도
허리 아프다

제국의 봄은 짧고
구름 같은 사랑에 바람 같은 임이다
진달래 붉은 가슴 임금을 품고
목련꽃 하얀 품 황태자 희롱하며
조무래기 벌들이 뛰놀던 벚꽃이 지면
철쭉이 핏빛 열정의 프러포즈를
서슴지 않을 것인데

다소곳이 머리 숙인 수줍은 구애
내시 하나 안아보지 못한 채
억겁을 공들인 한 생의 사랑이
허름한 담장에서
소리 없이 저문다

목련

청순하게 살다 죽은 고결한 영이
삼 천생 돌고 돌아
가녀린 여인의 자궁을 찢어
며칠간 머물다 가야하는 꽃으로 왔구나

백사초롱
홍사초롱
해맑은 빛깔
햇살마저 무색한 천사의 모자

아름다운 것은 오래 머물지 못 하는가
신비한 주문 같은 너의 몸뚱이가
사월 훈풍에
한 잎 두 잎 떨어지기도 전에
내 몸의 세포가 한 점 두 점 떨어져나가는
이 아픔은 무엇 때문일까

꽃이여
임처럼 순결하게 살다가는
거룩한 삶이여
백사초롱 청사초롱 불을 밝혀라
만년의 어둠이 네 앞에 절하며
무릎을 꿇으리라

쑥 파는 할머니

시장 골목 입구
할머니가 미끄러져 내리는 햇살을
하얀 머리칼로 받으며
돗자리에 앉아 쑥을 팔고 있다

할머니는 쓰리고 아픈
이 나라의 역사 선생이다
해방과 전쟁, 보릿고개와 4월 혁명,
군사통치, 그리고 민주회복이란
소용돌이치는 현대사의 명암을
그의 일그러진 얼굴로 열강 중이다

할머니의 주름진 얼굴 위로
떠나 온 고향 가버린 임들의
애잔하고 슬픈 모습과
고단한 노동의 시간들이 겹쳐진다

호롱불 밑에서 눈물로 먹을 갈아
사돈지를 쓰시고
밤의 고독을 다듬이 방망이로 달래다가도
명주 베틀 위에서 설움을 직조하시던
아픈 기억의 창고 속으로
나를 몰아넣는다

쑥 한 봉지 사들고 빌딩의 유리창에
내 얼굴 비춰보니
내 얼굴이 할머니 얼굴 같고
할머니 얼굴이 내 얼굴 같다

귀향의 출발신호

봄풀이 솟는데도 뻐꾸기가 우는 것은
임이 오지 않기 때문이다
얼음이 녹아 강물로 흘러 바다로 가는 것은
억눌린 가슴을 찢어
부서지는 파도로 소리치고 싶기 때문이다

사람이 고향을 찾는 것은
어머니의 태중 속 순수와 사랑을
그리워하기 때문이다
춘삼월 봄바람에 바람이 나는 것은
꽃과 나비를 닮았기 때문이다

사람이 죽음을 두려워하는 것은
피는 꽃의 환희와
지는 꽃의 슬픔만 보았지
꽃의 참 고향을 모르기 때문이다

아무리 사랑을 해도
채워질 수 없는
그리움이 남는 것은
영혼의 고향에 대한 향수 때문이다

서러워 마라 그리움이 있기에 사람이다
죽음은 소멸이 아닌
육신의 옷을 벗고 원초적 고향 찾아
떠나가는 귀향의 출발신호
두려워 말자

인생이 추해지지 않으려면

꽃이 떨어지지 않으려고
발버둥 치는 것을 보았는가
계절의 흐름에 몸을 맡긴 채
소리 없이 지는 모습이 얼마나
아름다운가

강물이 흐르지 않으려고
저항하는 것을 보았는가
바위를 만나면 돌아서 흐르고
소를 만나면 잠시 잠겼다 흐르는 마음이
얼마나 평화로운가

지는 해가 저토록 장엄한 것은
天理 좇아 돌아가는 행성의 그림자에도
빛을 아끼지 않음이요
달빛이 저토록 곱게 빛나는 것은
외로운 자가 흘리는 쓸쓸한 눈물을
위로하기 위함이다

인생의 마지막이 추해지지 않으려면
밤하늘
별을 보고 익어가는 대추의 마음으로
돌아가야 하리라

그리움의 비가 오네

비가 내리네 봄비가 내리네
하늘도 외로워서 눈물 흘리네
냉이와 시금치가 쌩긋 웃으며
살며시 고개 들어 하늘의 눈물 닦아주네

비가 내리네
늪지의 맹꽁이가 몸을 숨긴 채
겨우내 다듬어 온 청아한 목청을 열어
임을 부르네
불러도 대답 없는 임을 부르네

비가 내리네
비단길 지리봉 산새는 낮잠을 자고
봉긋이 솟아오른 진달래 가지마다
몽우리 드러내고 젖을 먹이네
이 비가 그치면 꽃이 피리라

비가 내리네
정든 임 기다리는 내 마음에도
봄비가 내리네
터질듯 타오를 듯 애타는 가슴 위로
소록소록 그리움의 단비가 오네

산수유

개울가 비탈길에 숨어 핀 산수유
산새도 오지 않는 후미진 계곡
실개천 노랫소리 외롭지 않네

산정의 모진 바람 불지를 마라
실바람 한 자락이면
번뇌도 시름도 날려버린 한 줌의 먼지

하늘 나는 대붕아 비웃지 마라
시샘도 두려움도 없는 낮고 낮은 이곳에도
낮에는 햇살 밤에는 별빛 빛나고
평화의 숨소리 고요히 퍼지나니

창천의 뜬 구름아 내 말 좀 들어라
부귀도 영화도 구름 한 조각
푸른 하늘 저 멀리 네 혼자 가지 말고
내 마음 실어서
구만리 장천을 함께 가다오

바람이고 싶어라

한 줄기 바람이고 싶어라
봄 산의 진달래 여린 뺨에 입 맞추고
벚나무 꽃가루 눈발처럼 흩뿌리며
임 그리운 가슴 답답해지면
성난 파도 밀어서 바위라도 치리라

천공이 심심하여 하품을 하면
강물 퍼 올려 구름 만들고
메마른 대지가 갈증을 토해내면
구름 녹여서 단비를 내리리라

꿀 찾는 벌 나비 길을 잃으면
치마폭에 담아서 꽃집으로 보내고
밤하늘 푸른 별이 외로워 울면
강변의 모래 같은 맑고 고운 위로의 말을
달빛 속에 고이 담아 보내오리다

한 줌 바람이고 싶어라
형체 없이 떠도는 바람이고 싶어라

불거 불래 不去 不來

소나무 가지 끝에 봄볕이 놀고
바람 잔 연못 가 억새풀 흰 수염도
말벗 없이 외롭다
산비탈 갈비들이 축축해진 몸을 말리며
들녘 위 피어오른
혼불 같은 아지랑이 춤사위에
바스락 바스락 신들린 마음을 뒤척인다
겨우내 퇴락해진 원두막도
지붕 위 눈 털어내고
손님 맞을 기대에 부풀어있다

겨울이 가고 봄이 와도
허깨비 눈에 비친 허상의 느낌일 뿐
가는 것도 오는 것도 없으련만
봄꽃이 핀다고 즐거워 하다가
세월의 흐름 타고
늙어가는 인생을 서러워함은
흔들리는 마음의 장난이라
내가 귀의해야 할 정법 앞에선
이것 또한 하나의 공(空)인 것을.

임께서 달이라면

온데를 모르거늘 가는 곳을 알라마는
무주공산 밤하늘
임께서 달이라면 별이라도 되고 싶다

꽃은 떨어지고 잎은 시들며
풀은 마르지만
꽃잎 떨어진 자리 새움 돋아나고
마른 풀 태운 자리 새 풀이 솟아나듯
임의 흔적 사라져도
그 모습 그 음성
부활한 생명으로 만날 날이 있으리라

증명할 수 없는 세상이라도
없다고 하지 말고 있다고 믿어보자
간절한 바람은 믿음을 낳고
절절한 믿음이 바람을 이루리라

온데를 모르거늘 가는 곳을 알라마는
꽃 피고 잎이 피는 열락의 봄 동산
임께서 꽃이라면
나는 그리움에 젖은 눈으로 임 찾아 헤매는
한 마리 꿀벌이 되리라

지리봉 비단길

연초록 이파리들
나날이 허공의 영토를 넓혀가고
봄을 찬미하는 산새들 노랫소리
더욱 청아해지니

절망의 상념일랑
봄바람에 실어서 날려 보내고
피리 부는 언덕에 서서
하얀 양떼 내려다보며
희망의 휘파람을 신나게 불리라

발자국을 조심하자 개미들이 밟힌다
찔레순을 꺾지 말자
갓 태어난 고사리가 두려워 몸을 떤다
오줌을 조심하자
소풍 나온 굼벵이는 온탕을 싫어한다

지리봉 비단길
나의 슬픈 유랑의 길 위에도
곤충들이 도열하고 새들이 지저귄다
가자가자 쉬면서 가자
나의 안식을 위한 새로운 피안으로

서러운 생각들 줄줄이 풀어
오동나무 줄기와 가지 씨줄과 날줄로 엮어
실바람에도
물결 따라 떠내려 갈 뗏목 하나 만들리라

파도 타고 오시려나

행여
진달래꽃 향기로 오시려나
기다리던 임
산 벚이 피어도 소식이 없네
찔레순 단물에 가시가 돋고
사무치는 그리움이
쇠창살로 변하여도
무심한 솔잎은 바람 따라 흔들리네
통통하게 물 오른 고사리
몸매 자랑 하는데
산나물 캐러 가신임은 왜 모르시나
웅덩이 개구리가 목 터지게 울어대고
무논의 개구리가
길을 안내 하는데
길을 몰라 못 오시나
정이 없어 안 오시나
피 흘리는 철쭉의 눈물 타고 오시려나
오월 수해 樹海의 파도 타고 오시려나

무명 無明

떨어지는 빗방울 백년을 두드리고
연한 나무뿌리 천년을 파고들면
원한 맺힌 파도가 만년을 할퀴고
가슴 아픈 바람이 억년을 불고가면
바위도 삭아서 모래가 된다

봄꽃이 피어나니 마음에도 꽃이 피고
이웃나라 지진에
제주바다 물고기가 배탈이 났다
설악산 나비가 날개 짓 하니
태평양 한가운데 폭풍이 인다

아침에 태어나 저녁에 사라지는
하루살이도
하루가 천년인양 한낮이 즐거운데
봄꽃이 피는데도
지는 것이 서러워서 눈물 나느냐
이별이 두렵다고 만남조차 두려운가

만상이 무상이요 만법이 무아인데
바위보다 단단한 탐욕 덩어리
바위가 아는 것도 알지 못하고
만년 청춘으로 영원히 살려하네

날마다 새롭게

알 수 없는 일들이
인생의 가는 길 가늠할 수 없게 할지라도
가시덤불 걷어낸 행로 위에
봄꽃을 호미삼아 꽃씨를 뿌린다
가시 박힌 가슴이야
한 평생 옥죄이는 질곡이지만
아직도
내 육신 견딜 만하고
사랑하는 마음
그리운 가슴 속에
기다림이 남아있다는 것이
얼마나 고마운 일인가
건강 잃은 육신이 모든 것 잃어가듯
꿈을 잃은 영혼도 모든 것을 잃으리라
흘러도 흘러도 다시 솟는 샘물처럼
날마다 새롭게 떠오르는 태양처럼
사랑할수록 시들지 않는
사랑꽃 이파리에 그리움의 물을 주며
날마다 날마다
새롭게 살아가리라

다시 만날 희망으로

오늘은 누님 떠나시던 날
그날처럼 찬바람 부는 산야의 봄 햇살이
따스합니다

들녘 아지랑이 하늘거림 속에
서러운 누님의 한평생이
환영처럼 아롱거립니다
너나없이 떠나야 할 그 강 건너가셨는데
가슴이 왜 이리도 아파 옵니까

그냥 담담히 좋은 곳 가셨다고 말하면서
일가족 모여
제삿장 앞 향촉에 불 밝히고
절하면서
즐거웠던 추억담이나 나누면 될 것인데
미어지는 가슴이 너무 서럽습니다

머지않아 나도 누님 건너가신 그 강
건너야 할 것인데
눈물조차 흘릴 수 없는 마음이
왜 이리 터질듯 아파옵니까

서럽고 아파도
다시 만날 희망으로 옷깃을 여밉니다
부디부디 그 나라 그 땅에서만은
행복하소서

지하철 타고 가듯

저승길도
지하철 타고 가듯 갔으면 좋겠다

낯선 사람들 끼리
마주 바라보며
눈인사를 하거나
꾸벅꾸벅 졸기도 하며
어디까지 가느냐고 말을 건네며
갔으면 좋겠다

지옥 가는 사람들은
그들끼리 손잡고
천당 가는 사람들은
그들끼리 팔짱 끼고

안녕!
안녕!
인사하고
헤어져 갔으면 좋겠다

철길

철길은 아득한 그리움의 선이다
길다랗게 이어진 쇠줄 바라보고 서 있으면
헤어진 임의 눈물 젖은 모습이
서서히 다가온다

프렛폼에선
만남의 기쁜 웃음과
이별의 슬픈 눈물이 교차하고
철마는 쉼 없이
동서남북 사방에서 가고 온다

지평선 저 너머에
누군가 날 기다리고 있는 사람
있을 것 같은 생각에

만날 사람도 헤어질 사람도 없는 내가
선 자리 떠나지 못하고 멍하니
눈시울 적시며 아득한 철길만
하염없이 보고 있다

2부

살아생전 잘 해야

우리 자주 손을 잡읍시다
마주잡은 손의 기운 타고 흐르는
온정의 핏줄이
외로움의 덩어리를 녹입니다

우리 자주 눈을 맞춥시다
부딪쳐 빛나는 동공의 눈빛이
지구별에 던져진 외톨이가
아님을 느끼게 해 줍니다

우리 자주 말을 합시다
오가는 말은
오해의 벽을 허물고
사랑과 이해의 훈풍을 불러들입니다

덤덤히 살다 헤어지면
가신 님 손과 눈
자주 나누지 못한 말들
회한의 눈물 되어 흘러내립니다

잠시 살다 떠나는 세상
우리 모두 살아생전 함께 있을 때
잘 해야 합니다

우주의 풍경화

지구의 화폭에 걸어놓은 자연의 풍경화는
철 따라 색깔이 변하고
영화의 장면처럼 등장인물이 바뀐다

기관사도 없는 전동차를 오르내리는 사람들처럼
사라졌다가 나타나는 점들이
우주의 망막을 즐겁게 한다
세월이란 이름의 수레바퀴가 광속으로 돌아가도
지구의 화폭은
퇴색되어가는 그림에 색칠을 다시 하고
등장인물을 바꾸어가며
화실의 문을 닫지 않는다

슬픈 눈물 흘리며 사라져간
점들의 자리에 새로운 점들이 나타나
분주한 모습으로 움직이다가
이따금 창문을 열고
광활한 우주의 바다를 멍하니 올려다본다
기항지를 모르는 갈매기의 눈빛으로

마음은 언제나 청춘

친구야
우리들 청춘 흘러갔어도
청춘의 마음만은 남아있구나
포장마차 술집 앞에 발걸음 서성이니
달을 닮은 가로등 불빛 속에
네가 들어있구나

혈압의 수치가
팔딱 팔딱 경고의 메시지를 발하지만
달빛 속의 너를 불러 한 잔 술을 마신다
메마른 심장의 페달을 돌려
식어가는 청춘의 광기에 불을 붙인다

비록 우리들 인생 자서전이
종장을 달린다해도 탈고란 없다
너와 내가 손잡고 두 잔 술을 마시며
새 인연을 맺으며
미완의 개인사를 이어가는 것이다

친구야
우리들 청춘 지나갔어도
차안보다 광휘로운 피안이 있음을
세 잔 술을 마셔가며
뜨겁게 달아오른 청춘의 열정으로
믿어보는 것이다

이랬으면 좋겠다

후텁지근한 날에
나뭇잎 사이사이 비집고
살랑살랑 불어오는 한 줄기
바람 같은 사람이었으면 좋겠다

밭두렁에 빨갛게 피어올라
목마른 농부의 갈증이라도 풀어주는
딸기 같은 사람이었으면 좋겠다

벤치에 앉아
떠난 님 못 잊어 애수에 젖어 우는
외로운 길손의 말동무라도 되어주는
호수의 잔물결이었으면 좋겠다

들녘의 강냉이와 포도를
토실토실 영글게 하는
한 자락 은빛 햇살이었으면 좋겠다

이름 없는 잡초들과 어우러져 즐기다가
가없는 창공 살갑게 날아가는
민들레 홀씨의 마음이었으면 좋겠다

소리 없이 왔다가
말없이 사라지는
부슬비 빗방울이었으면 좋겠다

그의 이름 불러주니

불 꺼진 가로등은 낮달처럼 쓸쓸하다
비오는 날 꽃들은
먼지 쌓인 공원의 벤치와 같다
바람 없는 강변은 손님 없는 잔칫집 같고
사랑 없는 인생은 수풀 없는 민둥산이다

무정한 물들도 존재가치를 확인 받으려 목숨을 건다
빗물도 지나치면 폭력이 된다
과식한 산의 내장이 터져
집 들이 묻히고 사람들이 비명횡사한다

안개 자욱한 고속도로 위로
비를 맞으며 헤드라이트를 켠 자동차가 달린다
살아 있음을 확인 받기 위하여 속도를 낸다
차들이 미끄러져 마음에도 없는 키스를 해도
뭔가 확인해 주고 확인 받기 위해서 달려야 한다

새들이 찾아드니 버찌가 익어가고
옥수수가 익어가니 여름이 짙어간다
내가 그를 찾아가니 그도 나를 찾아오고
내가 그의 이름 불러주니
그도 나의 이름 불러준다

지는 꽃 피는 잎

봄비 그치고 햇살 눈부셔도
아파트 뜨락 널브러진 꽃의 주검들은
부활을 꿈꾸지 않는다

나무들은 떨어져나간 세포를 애도하는
조사를 잊은 채
푸른 잎을 출산하기 위한 산고를 즐긴다

화사한 꽃의 계절이
무대의 막을 내리기 시작하자
푸른 옷을 걸친 신록의 계절이
무대의 막을 열어제친다

꽃을 노래하던 새들이
화원의 열락을 뒤로 하고
싱그런 숲으로 거처를 옮겨도
누구 하나 이들의 변절을 욕하지 않는다

영원한 사랑이 어디 있으랴
영원한 삶이 어디 있으랴
지는 꽃 서러워말고
피는 잎을 시샘말자

울지 않으리

임이여,
내 마음 곤고해지고
외로움이 들녘 허수아비의
깡마른 막대를 스치는 바람 같을지라도
어린 아이 이빨 같은 하얀 쑥들이
지천으로 돋아나는 산과 들이 있는 한
울지 않으렵니다

쇠하여진 육신이 무게를 줄이느라
나날이 세포의 개수를 줄여나가고
봉정암을 예약해 놓은 다리뼈가
고목을 파고든 산새의 울음을 울어도
임이여,
이 산 저 산 숲속마다 잎새 속에 묻어나는
임의 숨결 알 수 있어
울지 않으렵니다

아침에도 저녁에도
방문 열고 불러보아도
식탁 앞을 더듬어도
볼 수도 만질 수도 없어
허탈과 무기력에 가슴 아파도

서산마루 지는 해가 내일 아침 다시
떠오르는 한
임이여,
다시 만날 희망으로 울지 않으렵니다

어버이날

덧나는 상처에 약을 바르며
잊고 살리라 다짐한 세월에도
골수에 사무치는 못다 푼 정한
소쩍새 가슴 되어 피울음을 삼킵니다

인과를 믿으며 윤회를 믿기에
다시 맞은 새 세상 즐거우리라
천도재를 올리며 달래보는 마음도
북받치는 그리움엔 속수무책입니다

자식 손자 모여들어
가슴에 꽂아주는 카네이션 바라보며
우매했던 가슴 갈가리 찢어
마음으로 만들어 낸 속죄의 카네이션

눈물어린 손을 들어 바치옵나니
못 잊어 애태우는 전생 가족들
이승 저승 거리가 멀다하지만
마음의 거리는 지척이오니
언제나 따뜻했던 그 손길로 받아 주소서

신록 예찬

신록이 밀려온다
사위어가는 내 가슴 속으로
새파랗게 푸른 꿈 한 아름 안고

굼벵이가 일어서고
고목에도 잎이 핀다
신들린 숲들이 강물처럼 출렁이고
게으르게 잠들어 식어버린 삶의 열정이
화산처럼 폭발한다

못다 살고 떠나버린
인정 많은 친구야
너와 내가 꿈꾼 세상이
이런 것 아니더냐

오너라 친구야
빈부귀천 따로 없고 노소의 차별 없이
푸른 싱싱함으로 어우러져 일렁이는
이 아름다운 공화의 세상으로

신록이 밀려온다
잘라도 잘라도 다시 돋는
부추 같은 희망의 선물 한 아름 안고

신록의 바다 위에 사랑노래 부르며

저 푸른 생명의 도도한 해일
떠나지 않는 치욕의 흔적도
이따금 덧나는 상처의 아픔도
망각의 피안으로 장사 지내는
신비한 묘약을 보라

세월의 나이테에 각인된
너와 나의 굴곡진 사랑의 아픔들도
가슴 적시는 신록의 싱그런 물살을 빌어
씻고 닦아야 하리

흘러간 세월은 되돌릴 수 없나니
모여 이룬 바닷물이 고향생각 잊고 살듯
너와 나의 사랑도 떠나버린 사연일랑
기쁨이나 슬픔이나 빛바랜 사진 한 장
추억으로 묻어둔 채

신록의 바다 위에 희망의 배 한 척 띄워
소망의 돛대 하나 세워놓고
바람 따라
구름 따라
사랑노래 부르면서 노 저어 가자

봉선화

시골집 장독대 조그만 꽃밭
연분홍 봉선화 뜯어
사내동생 손톱에 물들여주신 누님

봉선화 피어나는 고향 뒷산 가시고
타관 땅 객지에
동생만 홀로 남아
고향 뒷산 그리며 눈물 집니다

강산이 변하고
정든 임 가시어도
낯선 땅 들녘에도 봉선화는 피어올라
맑고 푸른 하늘 아래 씨방으로 영글었네

누님이 물들여주신 손톱 살짝 닿으니
톡톡 터지면서 사방으로 흩어지는
씨앗의 소리
그립고 못 잊어 날 찾아오신
누님의 애절한 울음소리

천지 사방 흩어진 새까만 씨앗
주섬주섬 손에 담아 향내 맡으며
누님의 치마폭에 얼굴을 묻고
서러운 정 못 잊어 나도 웁니다

찔레나무 가시에 꽃이 피면

행여, 잎새의 향기 되어 날 알아보려나
바람의 넋으로라도 귀띔해 주려나
산정 벤치에 멍하니 앉아
그리움의 붓을 들어 임의 모습 그려본다

붙잡아도 세월은 제 갈길 달려가고
흩어진 인연들이 새 인연 찾아가도
풀지 못한 정한이 너무나 많아
고사리 새 순 솟아나는 숨소리에도
가슴 설렌다

행여 나무의 눈이 되어 날 알아보려나
소쩍새 울음으로라도 알려주려나
산정 벤치에 쪼그리고 앉아
임의 발자국 소리에 귀 기울인다

찔레나무 가시에 꽃이 피면
꿀벌의 영으로라도 날 찾아오려나

산이 푸르니

태양도 부끄러움이 있어
구름 속에 숨을 때가 있고
그늘이 있기에 지친 땅도 고요히
쉴 수가 있다

먹구름이 녹아야 하늘이 푸르르고
그늘 속에 숨어야
임 그리운 산새도 울음이 터지리라

5월의 숲들이 그늘을 지어놓고
불고 가는 바람의 등을 밀어
먹구름 몰아내고 하늘을 연다

갓 태어난 잠자리
눈부셔
눈부셔
날지 못하고
조그만한 땡벌의 횡포에도
기죽은 듯 잎사귀 매달린 채
파르르 몸을 떤다

산이 푸르르니 인생이 푸르르고
구름이 있어 수치를 덮고
그늘이 있기에
삶에 지친 인생도 쉬어서 간다

인연

뒷동산 벚꽃이 지더니 철쭉이 피고
철쭉이 지고 나니
아카시아 가지마다 백사초롱 등불 켜고
나를 반기네

헤어지고 만나는 게 다반사이고
이별의 슬픔보다
만남의 기쁨이 커야겠지만
잊혀지는 세월이 야속하더라

친구야
소식조차 알길 없는 옛 친구야
때 묻은 헌 수첩에서
네 이름을 지운다

아카시아 꽃잎이 떨어져 내리고
버찌가 새까맣게 익어갈 때면
기억마저 할 수 없는
지인 한 사람도 그의 수첩을 꺼내
내 이름을 지우리라

헤어지고 만나는 게
인연 따라 오고 가는 인생이더라

버찌가 익어간다

비가 내린다
벚꽃나무 잎새에 버찌가 익어간다
여름 잎새들은
비오는 날에는 비와 함께 놀고
개인 날에는 햇살과 함께 논다
해가 뜨면 해와 놀고
달이 뜨면 달과 논다
버찌는 해와 달 빗물 머금으며
뒷산 뻐꾸기 울음 먹고 익어간다
산새도 빗물도 잎새들도
전생의 어느 시절 어느 산야에서
만난 것도 같은
그 소리
그 빛깔
그 아슴한 기억
나의 선배들……….

지구나무의 오월 잎새

인생이란
지구나무의 오월 잎새
봄에 움터
여름 한 철 푸르르다
가을이면 떨어지는 낙엽 같은 것

먼 하늘 어느 분이 내려다보면
지구나무는
검은 점 하나인데

천태만상의 유정 무정한 것들이
세포처럼
흩어지고 모인다

오월 잎새 하나 되었다가
사라지는 것인데
인생을
근심해서 무엇하리

어느덧 오월이 가고
유월 하늘에
비구름 몰려오는데…….

밤길

어스름 내리고
저녁 예불 알리는
산사의 쇠북종이 서럽게 울면
산정의 나무들도 외로워진다

개구리 울음소리 애절해지면
야화처럼 피어오른 밤하늘 별들이
추억의 강물 위에 배를 띄워
그리운 임 편지 한 장이라도 보내주려나

밭일 하던 사람들 다 돌아간
들녘 푸성귀들 쓸쓸한 가슴
한 점 두 점 이슬에 젖어가면

인적 없는 한 밤 약수터
가로등 불빛처럼
할 일 없는 나그네 설운 마음도
방울방울 찬이슬에 젖어만 간다

푸른 날 돌아오니

삭막한 계절은 가고 푸른 날 돌아오니
찔레나무 해묵은 가시 사이로
보드라운 햇순이 고개 내민다

숲속 가랑잎 깔고 앉아
뻐꾸기 토해내는 산울림에 귀 기울이며
지구의 들숨 날숨 마음으로 지켜보니
나는 한 마리 야생의 순하디 순한
사슴 한 마리

썩은 소나무 삭정이가
불고 가는 봄바람 소리에
부활을 꿈꾸는 잠꼬대를 하니
말라버린 가랑잎이 덩달아 웃는다

오백년 송 고목이
혼신의 힘을 모아 용트림하며
오월의 산정에 걸어놓을
풍경화를 그린다

메마른 시절이 가고
푸른 날 돌아오니
가물었던 마음에도 푸른 싹이 움튼다

내 마음 활짝 열면

먹구름이 바람과 어우러지니 빗물을 낳고
빗물이 자라서 시집을 가니
이리저리 어우러져 강물을 낳고
강물이 강물과 어우러져 바다로 흘러간다

바다가 출렁이니 파도를 낳고
파도가 춤을 추니 먹구름이 생겨난다
갈매기가 나니 여객선이 시끄럽고
여객선 분주하니 횟집마저 바쁘다

연분홍 도라지꽃이 나비 불러들이니
장맛비도 짐 꾸려 이사를 준비하고
무궁화 몇 송이도 수줍은 입술
다소곳이 벌려 인사를 한다

매미가 울어대야 여름이 뜨거워지고
여름이 익어야 가을이 올 것인데
내 마음 즐거워지면
임 마음도 즐거워질까

내 마음 활짝 열어놓으면
임도 닫힌 마음의 문
빗장 풀어 활짝 열어보이려나

3부

금강 휴게소에서

운무에 휩싸인 고산준령
다투어 짝짓기 하다
쏟아 버린 오줌발 같은 연둣빛 물결 위로
방울방울 떨어지는 하늘의 눈물

날 들기를 기다리며
가락국수 한 그릇으로 배를 채우고
의자에 앉아
강물 한 번 바라보고
떼 지어 오고 가는 사람 헌 번 바라보니
강물이 사람이고 사람이 물결이네

비를 맞으며 보트에 올라앉아
사랑을 흥정하는 청춘남녀들
웃옷을 벗고 수상스키를 하며
죄 없는 물살에 칼질하는 사람들
부러워 말자
청춘이 떠났다고 서러워말자

흐린 날이 어두워지고
비는 멎을 생각이 없는데
나는 왜 떠날 생각도 없이 저무는 강가에
우두커니 앉아
부질없는 생각으로 마음 아파하는가

설봉호 돌고 돌며

설봉산 보고파 찾아온 발길
설봉호 취해서 하루해를 보낸다
하늘이 있으니 땅이 있듯
산이 있으니 물이 있는가
잉어야 잠시만 잠들어다오
흙탕물 맑아지면 하늘이 흰 구름 거느리고
놀러 오리라
설봉산!
굽이치는 심해의 연둣빛 물결
파도로 포효하는 성난 아우성
굶주린 사자의 배고픈 입술
나,
멋모르고 뛰어드는 날
스스로 좋아서 산 숲이 되거나
쓰나미에 떠나려간 실종자가 되리라
여기 설봉호 돌면서
소중한 하루해를 의미도 없이
세월의 비빔밥으로 비며 먹어치운다 해도
후회하진 않으리라
눈 비비고
깨어나면 그 또한 꿈인 것을

여름의 냄새

바람에 실려 폐부를 적시는
흙냄새
풀냄새
임들의 살냄새
고향냄새

헐떡이는 여름이 토해내는
신음같은 소리에도
아,
향수처럼 묻어나는 그리운 상념들

들길을 걸으며
산길을 걸으며
풀잎에 코를 대고
숲속에 귀 기울이면

바람결에 실려오는 사랑의 소리
햇살에 배어드는
그리움의 빛깔들

생각하는 황새

일렁이는 저수지 황톳물 속
잠든 잉어들
강태공들 사라지니 폭우 중에 평화로다

우산도 없이 장대비 맞으며
저수지 뚝 시멘트 난간에
솟대처럼 서서 선정에 든 늙은 황새 한 마리

철학하는 사람처럼 명상에 젖어
억년 기억 떠올리며
전생의 어느 마을 어느 골목
헤매고 있는가

비는 그칠 줄 모르고
해 저물어 어둠이 깔리기 시작하는데
추위도 잊고 서 있는 뜻은
선채로 그 자리에서 미이라가 된다 해도

온 곳을 알고 갈 곳을 알기 전에는
날개 펴지 않겠다는 심중의 다짐인가
목이 길고 털이 고운 늙은 황새 한 마리
비오는 날일수록 생각이 깊다

무상 無常

어제까지 반월이었던 졸참나무 잎사귀가
하룻밤 사이에 만월 되었네

지난 밤 꿈 속에서
무상조 한 마리 내 얼굴에
주름살 한 개 그려놓고 간 것 뿐인데

만월이
옛 친구 몰라보고
초면이라 하더라

사람 있다는 것이

회색 빌딩의 숲
격리된 아파트에 살아도
마주치면
눈이라도 맞출 사람 있다는 것이
얼마나 좋으냐

저녁 먹고 잠들기 전
놀이터 벤치에 앉아
말없이 초여름 더운 바람이라도
함께 마실 사람 있다는 것이
얼마나 신나는 일이냐

물 좋고 수풀 좋아 찾아간 산마을도
지나친 적막은 눈물 나더라
유정한 게 인간이라
사랑도 그리움도 죄다 잊고
목석처럼 살려하니 미치겠더라

외롭게 살다 가신 그리운 님아
그 나라 그 마을에서도
가슴이 따뜻한 사람들의
심장 뛰는 소리라도 듣고 사시라

그림으로 짓는 농사

그는 그림을 밭농사로 그린다
그가 칠하는 물감은 검정색 흙뿐인데도
그려지는 색깔은 천태만색이다
호박꽃은 노란색
들깻잎은 연두색
파란색 고추는 빨강으로 변해가고
바지랑대 위에는 조롱박이 대롱대롱
그가 그린 그림에서
수박, 참외, 사과, 배, 고구마가 익어가고
무, 배추가 입맛을 돋운다
그는 사랑초와 나팔꽃을 엮어 낙관을 찍는다
전시회를 따로 열지 않아도
그의 그림전시장은 오가는 사람들로
언제나 붐빈다
그는 일년내내 그림만 그린다
눈 내리는 겨울에는 비닐하우스가 그의 화실이 된다
그는 별로 배고프지 않다
그의 그림 속의 먹을거리를
화중지병이라 함은 옳지 못하다
참외 한 개만 뚝 따서 팔아도 되고
사과를 무더기로 팔수도 있다
그는 밭농사를 그림으로 짓는다

영산강

흐르는가 쉬는가 말없는 영산강아
세월 낚는 태공들 심심하것다
무등산 바람이 놀러왔는데
너마저 출렁이지 않으면 섭섭하것다

산에는 연산홍
강은 영산강
항수에 젖어 우는 메기당집 메기로
부른 배를 더 불리고
말 없는 물결소리 장단 맞춰
옛 노래 불러본다

다시 만날 기약 없는 영산강 푸른 물아
너를 두고 내가 간다
행여, 아득한 훗날
내가 어느 낯선 바닷가
말 없는 바위로 앉아 있을 때
내 가슴 두드리는 포말되어 만난다면

가냘픈 눈웃음으로라도
아는체나 해 다오

울음의 미학

울어라
단장의 슬픔은 울음이 명약이다
기쁨의 절정에서 울음이 터지고
슬픔도 지나치면 울음마저 막혀버리지만
울어야 한다
영혼에 묻은 때는 울음으로 씻어내며
미워하는 마음도
건조해진 마음의 안구에 울음의 물약을 뿌려야 한다
새들도 여명의 새아침을 울음으로 시작하고
하늘도 마음이 아프면
울음으로 번뇌의 먹구름 걷어낸다
울음은 마음이 따뜻한 자의 가슴에서 솟아나는
샘물 같은 것
울어야 한다
울고 싶을 때 울어야 한다
나와 내 가족을 위해서
불행한 이웃을 위해
나라와 겨레를 위해서 울어야 한다
가신 임을 위해서
못다 이룬 꿈을 위해서
내 슬픈 영혼의 안식을 위해서
울어야 한다

찔림이 있어야

구름이 하늘을 품고 흘러가고
여울물은 자갈을 두드려 소리를 내며
소나무가 송진을 끌어안고 살아가듯
누구나 몸과 마음에
가시 몇 개쯤은 품고 살아간다

가시 없는 장미가 어디 있는가
상처 없는 인간이 어디 있는가
찔리고 찢기우며 꽃이 피어나듯
인생의 화원에도 찔림이 있어야 성숙이 있다

십자가의 가시는
부활의 면류관이 되었으며
보리수의 가시는
깨달음의 광명으로 중생을 건졌나니

그대여, 가시 있음을 두려워말고
가시에 찔림을 겁내지 마라
찔림이 있어야 인생을 알고
찔림이 있어야 부활이 있고
찔림이 있어야 깨달음을 얻는다

어느 우울한 날의 발원

내가 밝지 않고는 어둠을 밝힐 수 없습니다
내게 힘이 없다면
약한 자의 힘이 되어줄 수 없습니다
밝고 힘 있는 자가 되게하옵소서
나에게 기대고 싶은 사람의 어깨가 되어주고
안기고 싶은 사람의 가슴이 되어 주기 위해서는
내 어깨가 든든하고
가슴이 넓고 따뜻해져야 합니다
개미 새끼 한 마리 들어올 수 없는 바늘귀보다
더 좁은 마음의 창문을 열어 우주를 다 품을 수 있는
대양의 마음을 주옵소서
베풀기 위해서 소유하고 전하기 위해서
배우게 하옵소서
영하의 추위에도 푸름을 잃지 않는 솔잎 같은
신념과 지조를 주옵소서
찬바람에 떨고 있는 갈대처럼 흔들릴지언정 굽히지 않는
용기를 허락하소서
바위 같은 묵중함으로 따르는 자들이
믿음을 가질 수 있도록 해 주시옵소서
짠맛을 잃지 않는 소금이 되게 하시고
진흙 속에서도 더러움에 물들지 않고
맑고 향기롭게 피어오르는
한 송이 연꽃의 마음을 닮게 하소서

이제는 울음을 그쳐야 할 때

후회 없는 인생이 어디 있느냐
죽지 않는 인간이 어디 있는가
치열하게 살아보려
괴로움도 많았으나
더러는 기쁜 일도 있었으니
가신 임 그리움에 가슴 아파도
이제는 눈물을 멈춰야 할 때

알밤 떨군 밤나무가 울지 않고
낙엽이 뒹굴어도
느티나무는 가을바람을 원망하지 않는다
대추가 빨갛게 익었으면
시집을 가야 하듯

세월이 흐르는데
인생인들 안 늙으랴
바람결 향기 속에 임의 체취 묻어나고
코스모스 흔들림에 그리움의 핏줄 타고
임의 숨결 스며든다

임 생각 애절해도
이제는 울음을 그쳐야 할 때

코스모스 심은 마음

밭두렁에
돈도 안 되는 코스모스 심어
가꾸는 마음은 꽃의 마음이리라

오가는 사람에게
가을 정취 일깨워주고
향기와 빛깔로 즐거움 보시하는 정성은
풍성한 가을의 마음이리라

코스모스 흐드러지게 피어올라
하늘하늘 춤추는 밭두렁 거닐며
임 생각에 젖는다

청천 흰 구름
이따금 그늘 흘리며 지나가고
서풍이 가는 허리 휘감고 돌아가면

말 없는 코스모스
자지러지게 웃음 터뜨릴 때
그 시절 추억들도 나를 안고 돌아간다

갈대가 울어도

바람이 갈대꽃 뽑아올리니
갈대꽃이 바람을 흔든다
들길 걸어가는 소녀들 앳된 얼굴이
푸르른 가을 하늘처럼 고와보여도
늙어가는 육신을 슬퍼하지 않으리라

정년퇴임한 그 친구가
인생 2모작으로 큰돈을 벌었다는 소식에도
황소처럼 힘이 센 그 사람이
뇌졸중으로 식물인간이 되었다는 소문에도
무감각임은
마음이 목석처럼 굳어진 때문일까
무상의 깨달음을 얻었음일까?

가을이 왔다
하늘 푸르고
정처 없이 불고 가는 가을바람 소슬하고
육신의 뼈마디가 갈대처럼 울어도
울지는 않으리라
구름 같은 인생 흘러가면 그만이다

가을이 깊어가니

메뚜기가 사라진 가을 들녘은
춤 없는 연극이다
피를 뽑지 않은 벼논은
알곡과 가라지가 和而不同하는
다문화 가정이다

벼이삭이 고개 숙여 도열한
들길 거닐며
추억을 반추하니
그 시절 코스모스가 환하게 웃으며
이름을 불러 달란다

들국화가 뒤질세라
낭창낭창 몸 흔드니
계곡에서 잠들었던 바람이
서둘러 달려온다

들판이 노랗게 물들어가니
머지않아
산은 온몸에 붉은 색을 칠하리라
가을이 깊어가니
왠지 모르게 수심도 깊어진다

가랑잎

낙엽이 개울물에 몸을 싣고 떠내려가네요
유유자적 흘러가는 해탈의 모습이 아름답네요
사랑도 미움도 성공도 실패도
지나고 보면 가랑잎 한잎이네요

성하의 신록이나
만추의 단풍에도
태양은 변함없이 대지 위에 빛나고
산 까치는 여전히 짖어대네요

청정수로 씻어낸 맑고 고운 눈으로
어둠의 안개 걷어내면
확연히 드러나는 존재의 실상은
본래 한 점 티끌도 없는 내 마음이네요

욕탐으로 근심하고
분노로 치를 떨던 모든 것들이
한세월 지나고 보면
개울물에 흘러가는 가랑잎이네요

생사해탈의 즐거움

낙엽이 뜻이 있어 강물에 떨어져도
유수는 생각 없이 흘려보낸다
부귀가 좋다하나 뜬 구름 한 조각이요
공명을 탐하지만 달팽이 뿔이로다
태어남이 있으니 죽음이 있고
만남이 있으니 이별이 있다
인연 따라 생겨나고 인연 좇아 사라지는
만상이 무상하니
늙어가는 인생을 슬퍼해서 무엇하리
파도가 사라져도 바다는 마르지 않고
서산 낙조 지는 해가
새날의 여명으로 다시 솟아오르듯이
육신이 흩어져 지수화풍 돌아가도
업장만은 그대로 남아
생사윤회 거듭하니
그 고통을 어찌할꼬?
애착하는 마음과
집착하는 마음 허공처럼 비워서
불생불멸 깨달아 생사를 해탈하면
사는 것도 죽는 것도
즐거움뿐인 것을

가을이 주는 선물

가을날 길섶에 핀
이름 없는 풀꽃의 소근대는 소리가
사랑의 노래로 들린다면
귓속을 어지럽히던 미움의 때가
사라진 때문이다

황금 들녘 출렁이며
익을수록 낮아지는 벼이삭에
배고팠던 중생들의 창백했던 얼굴이
떠오른다면
탐욕에 가리어 충혈된 눈이
맑아진 때문이다

맑고 푸른 가을하늘
남녘나라 바라보며 훨훨훨 날아가는
무심한 새들에게
안녕!
손수건을 흔든다면
얼음장처럼 차가웠던 가슴이
따뜻해진 때문이다

산사의 은행잎이 노오랗게 물들어
천년의 번뇌를 털어낼 때

사랑도 그리움도 내려놓았다면
사막 같은 마음밭이
옥토가 되었기 때문이다

그냥 갈 순 없을까
–병원에서

이 세상 떠나갈 때
이런 곳 안 들르고 그냥 갈 순 없을까

대합실 앉아
전광판 이름 뜨기 기다리는 사람들
행선지도 모르는 차표 한 장 사들고
차 오기를 기다리는가

한 세상 여행길 즐거운 날도
더러는 있겠지만
생로병사 그 모두가 고통이어서
다시 오지 않으리라 서러운 이 세상

죽음이란 이름의 절대적 평등 앞에
권력자도 부자도 그 어떤 인기인도
고개 떨구며 겸손해 지는 곳
오월의 신록이 아무리 무성해도
죽음의 나루터엔 낙엽이 진다

이 세상 하직할 때
아침밥 잘 먹고 소풍 가듯
가는 자도 남은 자도 마음 편히
조용히 가고 싶다

4부

가을에 아름다운 여인

노을진 가을 들녘
병든 아들 저녁 반찬으로
고춧잎 따는 여인의 손길은 아름답다
깊어가는 가을밤 자식 군것질감으로
밤송이 찔리며
풋밤 몇 개 품고 가는 여인의
가슴은 아름답다

논둑길 걸으며
하늘대는 코스모스 꽃등에 코를 묻고
가신 임 부르며 눈물짓는
여인의 모습은 아름답다

한잎 두잎 낙엽이 지고
정든 새들이 남녘으로 날아가도
눈물 감추어 호미 들고 일터로 나가는
여인의 발걸음은 아름답다

뻐꾸기도 서러워 구슬피 우는
고산심처 먼저 떠난 임의 무덤
소복단장 곱게하고 벌초하는
여인의 손길은 아름답다

가을엔
눈물 많은 여인이 아름답다
그늘 많은 여인이 아름답다
외로운 여인이 아름답다
가을엔
가난한 여인이 아름답다

구름의 가는 길은

산사의 종소리가 숲속으로 번지니
백팔 번뇌 털어낸 단풍나무 잎새들이
붉은 색 가사 장삼 어깨에 두르고
성자처럼 고요히 입정에 든다

창공의 흰 구름은
망망대해의 부서진 일엽편주로
무너지고 일어서는 만년 왕국의 흥망성쇠를
시각으로 반복하며 시간의 물살에 떠밀려
정처 없이 떠내려간다

임 그리워 잠 못 드는 늦가을 찬바람이
미친 듯 불어와서
단풍나무 잎사귀들 우수수 떨어져내려
다비의 불꽃으로 사라져간 성자처럼
영구종천 열반에 들 때

버리고 비우라는 산사의 종소리가
가슴 속에 맴돌아도
욕탐 속에 살아가는 중생의 마음 같은
저 하늘 뜬 구름은 어디로 흘러갈까
꺼졌다 일어나는 번뇌의 불길

조각달

구름 깔린 밤하늘에 조각달 걸렸다
상처 입은 조각달 흘린 눈물
호수 위로 떨어지니
외로운 산들이 구슬피 운다

밤하늘 조각달은
외로운 사람들의 말벗인지라
욕심의 눈으로는 볼 수 없고
빈 가슴으로만 바라볼 수 있는 달

조각달은
소박맞은 가난한 종갓집 맏며느리
뒤란 배나무 밑에서
울면서 바라보는 달

조각달은
구조조정 당한 청년 실업자가
저녁밥 먹으러 집에 들어가지 못하고
뒷동산 임자 없는 무덤 위에서
한숨지으며 쳐다보는 달

성공했다는 사람 눈에는
보이지도 않는 달

사랑의 예금통장

나에게도 사랑의 예금통장 하나 있었다
내 사랑
이자 한 푼 쓰지 않고 예금해 두었다가
한꺼번에 듬뿍 쏟아 부어 놀라게 해 주고 싶어
베풀기에 인색했었는데
어느 날
내가 사랑하는 사람
한 푼 사랑 받아보지 못하고 떠나버릴 때
가슴치고 통곡했다

나, 이 세상 떠나는 날
사랑의 예금통장 가슴 속 품고 가서
통장 채 드리리라 생각하고 잔고 조회해 보니
빈 깡통이란다
사랑의 예금통장은
쓸수록 잔고가 늘어나고
쓰지 않으면 원본까지 사라져버리는
이상한 통장이란다

우울한 날에는

이유 없이 우울해지는 날에는
시멘트 전봇대 매달려
아침 찬바람에 펄럭이는 깃발을 보리라
먹구름 물러날 때까지
하늘을 포기하지 아니하는
태양의 너그러움을 배우리라
벚나무의 영광을 시샘하지 않고
푸른 그늘 예비하는
느티나무의 마음을 읽으리라
흔들리는 몸뚱이
일그러진 얼굴 속에 얼비치는
뇌성마비 어린이의 해맑은 영혼의 웃음소리에
귀 기울이리라

이유 없이 우울해지는 날에는
해지기를 기다리는 낮달의 꿈 안으로 들어가
기다림의 진주를 찾아보리라
산야에 피어오른 이름조차 알 수 없는
잡초가 누리는 자유와 평화를 생각하리라
고기 한 마리 잡지 못한 날에도
버릴 수 없는 인생의 배를
언제나 희망 실은 만선으로 채우는
어부의 마음을 생각하리라

임 찾아 나서리라

나 죽어 이 세상 다시 온다면
바람으로 오고싶다
형체 없는 몸으로 천지사방 비집고 돌아다니며
임 찾아 나서리라

봄에는 훈풍으로
꽃피는 동산에서 임의 숨소리 들어보고
여름에는 열풍으로 녹음 속 헤집고 다니며
임의 이름 불러보고

가을엔 선들바람으로
단풍 든 산숲에서 임의 체취 맡아보며
겨울엔 찬바람으로 얼음같은 임의 몸도
녹여주리라

낮에는 해와 놀며
뙤약볕 아래에선 지친 길손들의 부채가 되고
느티나무 그늘에서 장기 한 수 두다가
밤이면 별과 놀며 외로운 짐승들의
말동무가 되리라

나 죽어 이 세상 다시 온다면
형체도 그림자도 없는
한 줄기 바람이 되고싶다

피아노 소리

방과 후 초등학교 교실에서
울려퍼지는 피아노 소리 여유로워서 좋다
조용히 귀 기울이니
짠한 그리움이 흘러간 추억의 창문을 두드린다
그때,
초등학교 여선생이었던 순이도
아무도 없는 교실에서 풍금을 타고 있었지

밤새워 고쳐 쓴 연애편지 가슴에 품고
큰 맘 먹고 찾아가
몇 번이나 망설이다 교실 문 열고 들어가
순이 만나고서도
사내 녀석이 용기도 없이 멋 적은 이야기
두어 마디 건네고 교실 문 나와
전하지 못한 편지 박박 찢어버렸지

용기 있는 자라야 미인을 얻을 수 있다는
글귀 좌우명 삼아
용기의 내공 쌓아갈 때
순이는 소문도 없이 철새처럼 훨훨 날아
시집을 가 버렸더라
그 편지 전했더라면

나와 순이의 운명이 어떻게 되었을까
지금 순이에게 이 이야기 해 주면
뭐라고 할까?

피아노 소리 여전하지만
녹두 빈대떡에 막걸리 파는
순이네 술집에라도 가서
실없는 소리라도 지껄이며 한 잔 술로
부질없는 생각 비워야 것다

즐거운 노년

누에는 늙어야 고치를 짓고
홍시는 익을수록 단맛이 난다
된장 간장은 오래된 것일수록 맛이 좋고
비빔밥은 노소가 어우러져 비벼져야 제 맛이 난다
매미는 울만큼 울어야 허물을 벗고
강물도 흐를 만큼 흘러야 바다를 만난다

패기가 사라져도 슬기가 살아나고
후회야 없으랴만 참을 줄도 알게 된다
업식의 바다에서도
반야의 등대를 찾을 줄 알며
달만 보던 눈으로 달그림자를 보며
꽃만 보던 눈으로 꽃의 눈물까지 볼 줄 안다

앞만 보고 달리던 발이 옆으로도 갈 줄 알고
뒷걸음도 칠 줄 안다
육신의 귀가 이따금 아프다고 울어도
영혼의 귀는
바람과 새들의 속삭이는 소리까지
다 알아 듣는다

인생이 늙는다고 한탄하지 않으며
죽음이 두렵다고 슬퍼하지 않는다

안개

안개 낀 길바닥은
전도를 알 수 없는 인생길 같다

한 끼 밥을 위해 운명의 밧줄 위에
목숨을 걸어놓고
고속도로 동굴 속을 질주하는
목마른 사람들

무심한 허공마저
지상의 죄악을 참을 수 없었던가
하늘 문 닫아 걸고 태양의 외출조차
가로막았다

가도 가도 아득한 인생길
시야를 가로막는 무명의 안개층이
너무 두껍다

푸른 하늘 맑은 허공
내 맘속 어둠 씻어내 줄
깨달음의 햇살은 언제나 퍼지려나

갈 길은 먼데
안개 낀 어둠이 너무나 짙다

무거운 짐 내려놓고

친구야
몸이 가벼워졌으니
마음도 가벼워져야 하고
어깨에 짊어진 짐도 가벼워져야 하리라

먹을 밥 다 먹고
잘 잠 다 자
투명해진 누에의 몸처럼
맑고 고운 마음으로

하늘을 보고
별을 보며
인생의 여행길을 가볍게 걸어가자

헐떡이며 걸어온 지나온 발자국들
무욕의 동산에서 추억인양 반추하며
친구야, 이제는 쉬면서 걸어가자
갈 길이 멀지 않다
너와 나의 인생길

번뇌의 덫

적게 먹고 적게 쓰며 소유 없으니
얻을 것도 줄 것도 없어
악마도 덫을 놓지 않고
덫을 놓았다 해도 걸리지 않는다

한 마음 돌이키면
절해의 유배지가 학문의 전당이요
고해 같은 지옥도 수행의 도량이며
한 생각 비뚤어지면
천국도 지옥이다

명예가 중하다 해도
그 또한 지나가면 그만이고
대붕은 허공에 깃털을 남기지 않는다는데
집착할 게 무엇인가
민들레 홀씨처럼 날아가는 것들인데…….

아스팔트 바닥 뚫고 올라오는
잡초 같은 번뇌의 덫도
거울처럼 맑은 마음 무소유의 언덕에선
무용지물인 것을…….

까치의 교훈

아침 산책길
동산 까치들이 노래하는 것은
몽롱해진 내 영혼
숙취에서 깨어나게 함이다

목적지가 입력되지 않은 내비게이션은
방황의 여로에서 갈 길을 안내할 수 없고
인생의 낭비는 신의 심판대에서
변명이나 변호조차 허용되지 않는
유죄임을 경고하기 위함이다

까치들이 포르르 하늘로 날아오르는 것은
탐욕의 몸집은 더 가벼워져야 하고
추락하지 않는 날개는 허공처럼 빈 마음에서만
펼칠 수 있음을 알리기 위함이다

까치들이 조그만 입으로
이것저것 물어들이는 것은
게을러서 못 사는 것도 유죄임을
가르치기 위함이다

아침 산책길
동산 까치들이
깨어 있는 영혼, 자유의 기백으로
푸른 하늘 훨 훨
우리네 인생길을 가르쳐 준다

인생의 고목에는

번뇌의 잎사귀를 털어낸 벌거벗은 나무들이
무명초 잘라낸 고승의 두상처럼
가벼워서 좋아 보입니다

낙엽이 질 때마다
하나하나 인연의 줄 끊어지는 소리
그 석별의 울음소리가
해탈의 웃음처럼 자유로워 보입니다

동안거의 기간은 너무나 길어
나목은 산 까치가 둥지를 틀어도
가는 자를 가게 하듯
오는 자를 막지 않습니다

찬 서리 내리고 눈보라쳐도
벗은 몸 웅크리고 서서 유유자적 하는 것은
봄이 오고 여름이 되면
앙상한 가지 위에 꽃이 피고
잎이 필 것을 알기 때문입니다

슬프다!
어찌하여 인생의 고목에는
꽃도 잎도 피어나지 못 하는가요

사랑의 맹세

사랑하는 사람아
백설이 녹기 전에 산으로 가자
해맑은 순백의 가슴에
타오르는 정열의 입맞춤으로
변치 않을 사랑의 씨를 뿌리자

겨울이 가고 봄이 오면
먼 산의 잔설이 훈풍에 몸을 실어
청춘의 옷을 입고 꽃으로 피어날 때
꽃잎 속에 아롱지는 그리움의 빛깔처럼
너와 나의 사랑도 꽃이 피리라

사랑하는 사람아
산으로 가자
겨울 산에 더욱 푸른 독야청청 소나무
지조를 빌어
우리들의 사랑도 맹세를 하자

사랑하는 사람아
인생이 더 저물기 전에
사랑을 하자
겨울이 춥다하나 양지바른 언덕이 있고
사랑하는 사람의 가슴 속에는
겨울에도 얼지 않는 뜨거운 심장이 있다

백년 인생들이 괴롭다 하네

천년 고행 나무들은
밤이면 자서전을 적는다

밤의 고독을 살갑게 어루만져주는
백빙의 이야기
은하수 별빛이 들려주는 침묵의 노래를
나이테에 각인한다

미친 짐승들이
굶어죽은 원혼처럼 호곡하는
으스스 칼바람 속에서도
헐벗은 나목들은
봄의 제전에 내놓을
아름다운 꽃씨를 뱃속에 저장한다

백년 인생이 괴롭다 느껴질 땐
고행 천년
침묵으로 견뎌내는 나무를 보자
천년 나무들은 저토록 의연한데
백년 인생들이 괴롭다 하는구나

봄이 오면 가 보리라

봄이 오면 가 보리라
이 나라 이 강토 못가 본 산하

지팡이 짚고 콧노래 흥얼대며
가다가 심심하면
목로술집에서 동동주 몇 잔으로
타는 목을 축이리라

밤이면
쓸쓸한 민박집 외진 방에
배낭을 내려놓고
은하수 별을 세며 객수를 달래리라

봄이 오면 가 보리라
미지의 땅
선지식 발자취 내비게이션 삼아
정처 없이 다니다가
보리수 그늘 아래 낮잠을 청해
인생의 갈 길을 깨달으리라

봄이 오면 가 보리라
정든 임 사시던 곳

세월은 흘러가도 산과 들에 배어있는
임의 체취 맡으며
눈물 나는 사랑노래 불러보리라

우주가 내 안에

폭설 쏟아낸 하늘은
물걸레로 곱게 닦은 유리거울이다

투명 거울 속
삼천대천세계 어느 곳에
숨결로나
향기로나
빛으로라도 살아 있을 임의 모습 떠올리며
설국의 오솔길을 걷는다

광활한 우주의 한 마리 개미 같은
내 의식의 심층 안으로
산야의 모든 존재들이
혈육의 정으로 파고든다

나무와 새들의 숨소리에서
내가 머물렀던 고향과 돌아갈 고향의
풋풋한 냄새가
향수처럼 짙게 풍긴다

내가 우주 속에 있고
우주가 내 안에 있듯이
임이 내 안에 있고
내가 임의 품속에 있다

열차는 달리는데

설원의 눈은 녹지 않았고
열차는 준마처럼 달렸다
정류장마다
억겁의 세월이 흘러도 만나지 못할
사람들이 내리고 오른다

지나온 시절은 스쳐지나온 정류장처럼
기억조차 아득한데
나는 어디로 누구를 만나러
심란한 가슴으로 달려가는가

인생이 무엇인지 묻지를 마라
아파트가 마라톤을 하고
억울한 무덤이 뚜껑을 여니
한 많은 혼백들이 백주에 춤을 춘다

수다 떠는 여인들도
침묵하는 노인들도
예외 없이 종점으로 달려가고
구슬픈 기적소리에
서러운 인생들이 소리 없이 사라져간다

고향 유정

하얀 눈길 밟으며 담 모롱이 돌아가면
임 없는 산야에도
억새풀은 바람에 흔들리더라

은비늘 햇살이 고목을 희롱하며
서천으로 달려가면
임 떠난 고향에도
저문 강은 흐느끼며 흘러가더라

정자나무 가지마다 찬바람 슬피 울고
다정했던 벗들은 어디로 갔나
임 떠나신 옛 마을
이방 같은 하늘에도
기러기는 말없이 날아가더라

어린 아이 울음소리 안 들리는
폐가의 뜨락에는
시든 잡초만 무성하지만
임과 함께 즐거웠던 고향 마을엔
아직도
밥 짓는 저녁연기 피어나더라

5부

새하얀 그리움이

정든 님 오밤중에 날 찾아오시려고
서럽고 아픈 마음 눈발로 흩날리어
달도 별도 없는 어둠 속에
눈꽃 길을 내셨는가

전능의 신이
택한 백성 눈앞에 천국 문 미리 열어
새 하늘 새 땅을 선 보이는가
아미타 부처님이 서방정토 극락세계
이 땅으로 옮겨 놓으셨는가

눈이 내린다
희미한 가로등 불빛 속으로
눈발이 부서져 내린다
하루의 일과를 마친 샐러리맨 들이
코트 깃을 세우고 종종걸음으로 귀가를
재촉하는데
야근 나가는 아가씨 부푼 가슴이
눈꽃처럼 화사해 보인다

어디선가
반가운 소식이라도 들려올 것 같은
기다림으로 밤의 창문을 연다
님이 닦아놓은 눈꽃 길 위로
새하얀 그리움이 나래를 편다

밤비를 맞으며

비가 내린다
찬 겨울 밤비가 서럽게 운다
비 내리는 밤거리를 하염없이 걷는다
가슴 타는 열기에 녹아
스며드는 빗물마저 뜨거워진다

가로등 불빛이 껌벅 껌벅 졸면서
포장도로 가운데로 미끄러져 내리지만
임 소식 아득하여 갈길 몰라 헤매인다
내 인생 구 할은 의미 없이 사라지고
남아있는 일 할에나 목숨을 걸어볼까

임 없는 이 세상
살아도 사는 것 아니라 해도
임 계시는 그곳 알 길 없어 막막하고
다시는 만날 수 없다고 해도

영으로나 육으로나 살아있다 생각하니
비 그친 밤하늘에 별들이 총총해지고
가슴 타는 열기에도
고요히 찾아드는 평화의 마음
찬 겨울 밤비마저 따스하구나

그리움

양지바른 산비탈 겨울 햇살 퍼질 때
잠깨어 일어난 외딴집 수탉
임 부르는 소리에 앞 강물 풀리면
살얼음 깨고 빨래하시던
우리 엄마 시린 손이 그리워진다

무덤가 억새꽃이 바람결에 흔들리며
아픈 허리 부여잡고 서걱일 때면
우리 엄마 하얗게 쉰
머리칼이 보고파 진다

외딴집 굴뚝 위로
밥 짓는 연기 피어오르고
청국장 냄새에
멍멍이도 좋다고 꼬리 흔들 때면

보리밥 지어놓고
밥 먹으라
밥 먹으라고 날 부르시던
우리 엄마 목소리가 그리워진다

눈얼음

티 없이 순하다고 슬픔이 없겠는가
고통을 모르겠는가
짓밟히면 뭉치고
뭉친 몸 마음마저 모질어지면
얼음이 되고 유리가 된다

교만의 발자국 함부로 내디디면
정형외과에서 동안거에 들리라
햇살이 제아무리 구애의 몸짓을 해도
맺힌 마음 풀리기엔
동천의 구름이 너무 차갑다

마주보는 하늘은 노상 푸르고
외로운 낮달이 눈웃음치면
유리도 반갑다고 인사를 하고
산사의 쇠북종이
죽은 자를 위해 진혼가를 부를 때
얼음도 조용히 합장을 한다

행여,
돌팍의 개구리가 잠 깨어
아지랑이 등을 타고
봄바람 불러모아 임 소식이라도 전해준다면
유리도 몸을 풀고 승천하리라

어느 화창한 겨울날

심심한 산비탈 놀러 온 햇살이
눈이불 걷어내니
눈물 젖어 촉촉한 지난 겨울 낙엽들
눈 비비며 일어나 몸을 말린다

참새들 옹기종기 모여들어
소꿉놀이를 하고
산정의 잔설들이 싸리비를 들고
구름을 닦아낸 하늘이
파아란 바닷빛으로 물들어간다

연못의 잉어가 불러들인 태공들이
얼음장 위에서 백팔 번뇌 씻으려고
참선을 하고
배부른 삽살개는 눈 위를 뒹굴면서
임을 부른다

양지바른 산비탈
나뭇가지 갈비 모아 모닥불 피워놓고
화롯불 위에
가래떡 노릇노릇 구워먹고 싶어진다

고드름

소리 소문 없이 사그라들기엔
아름다운 이 세상
젖은 눈물 칼 되고 창 되어
매달린 벼랑 끝 목숨

그리움이 사무치면 유리가 되는가
햇살도 얼어붙은 비수의 비애
허공도 달랠 수 없는 수정의 단심

아름다운 이 세상도
아름다운 것은 오래 머물 수 없는 오탁의 예토
눈물이 뭉쳐서 몸이 되었는가
눈물로 해체되는 벼랑 끝 생명들

깊어가는 겨울 밤
어둠을 불러들이는 사랑방 촛농처럼
방울방울 소진하는
슬픈 목숨이여

겨울비 내리는 날에는

산이 목욕을 하고
집에 머물면 부질없는 상념들이
회한의 검정 외투 걸치고 가슴 파고드는
비오는 날에는 버스를 탄다

나는 초원을 달리는 몽골의 기마병
말고삐 잡아채며
빗속을 질주하는 쾌감에
잃어버린 청춘이 탕아처럼 돌아온다

가로수와 집들이 거꾸로 달리고
눈물 젖은 무덤들이 마라톤을 한다
낯선 마을들이 번갈아 인사를 하고
허공의 외로운 안내판들이
시위 당겨진 화살처럼 소매를 끌어당긴다

겨울비 오는 날 버스에 몸을 얹고
무작정 달리면
그리운 임들이 김이 모락모락 나는 시루떡을 들고
마음의 창문을 두드리며

정다운 벗들이
가슴의 빗장을 풀고
옛 노래를 불러준다

꿈 깨어 일어나니

소나무는 겨울이 가도 슬퍼하지 않으며
봄이 온다고
마음 들뜨지 아니하고
철 따라 인연 따라 꽃과 잎이
피었다 진다

강물은 추운 날엔 얼음 되고
추위 풀리면
얼음몸도 함께 풀어 바다로 흘러간다
바위를 만나면 감돌아 흘러가고
폭포를 만나면 부서져 내려가며
언덕을 만나면 굽이쳐 흘러간다

나무처럼 담담하고
강물처럼 흐르리라

돈 생기면 베풀 수 있어서 좋고
돈 없으면 검소할 수 있어서 좋으며
지위 있을 땐 할 일 많아 좋았고
직장 그만두니
겸손할 수 있어서 좋지 않은가

몸 아프니 인생무상 깨닫기 쉽고
인생길 외로워지니
생각할 시간 많아서 좋다
꿈 깨어 일어나니 도처가 열반이다

모닥불 피워놓고

차운 산 눈발이 은색으로 흩날리면
어린 시절 추억들도
금빛 즐거움으로 심금을 울린다

잘 나갔던 시절도 더러는 있었건만
기억의 창고에서 쓸어낸 지 오래인데
어려웠던 세월을 못 잊어 함은
그때 그곳엔
따스한 임의 숨결
넘치는 사랑이 있었기 때문

나목의 가지 위로 칼바람 춤춘다
사랑 없는 가슴은
겨울보다 차갑다
황량한 산야에 모닥불 피워놓고

오가는 길손에게
뜨거운 커피 한 잔 올리다 보면
행여나 정든 임
언 손 비비며 날 찾아오시려나

겨울 하늘 보름달

설산에 해가 지니
보름달 교교하다

헐리고 찢긴 상처 한달 내내 봉합하여
맑고 고운 임의 얼굴
무주공산 밤하늘에
만월의 광명으로 겨울밤을 밝히는가

손 시린 달빛이
서러운 사연 품고
짙푸른 대지
소나무 사이사이 비집고 들어오니
외로운 백설이
새하얀 몸짓으로 신방을 꾸미지만

이 밤이 새기 전에
백설은 제살을 한 점 한 점 녹여야 하고
만월은 또 다시 제 몸을 찢어야 하며

늙는 것이 두렵고
가신님 그리움에 목 메이는
인간들은
달빛 아래 피눈물을 흘려야 하리

지평선 너머로 달려가면

겨울산 언덕에도 햇살은 밝고
냉천의 한기에도 솔잎은 푸르르다
실바람 찢어지는 소리에 갈대숲이 우는구나

당집 할머니 비질하는 소리에
상수리나무 타고 놀던 청설모 두 마리
앞마을 무병장수 빌면서 재를 올린다

산사의 쇠북종이 구슬피 울면
외로운 무덤들이 옥문을 열고
햇살의 옷을 입은 혼령으로 나투시어
천안통 눈을 뜨고
잊지 못할 핏줄들을 찾아 나선다

그리운 상념들이 바람을 타고
지평선 너머로 달려가면
천의무봉 새 옷 입은 그리운 임이
비단길 걸어서 날 찾아오시려나

나는 어디로 가고 있는가

눈발은 흩날리는데
기차는 떠나간다
무심하게 돌아가는 열차 바퀴에
무심히 깔리는 눈발 하염없이 바라보며
서러운 나그네는 어디로 가는가

이별의 아픔이 한으로 응어리져
미쳐버린 한풍으로 불어오는 허공이
회색빛 울음을 토해내는데
기약 없는 만남을 위해 정처 없이 달리는
나그네 마음이 눈발처럼 서글프다

소리 없이 굴러가는 인생의 수레바퀴가
급행열차 바퀴처럼 빠르게 굴러가고
종착역을 알리는 안내방송 소리마저
구슬프게 들리는데
버리지 못한 미련 너무나 많아
젖은 눈 크게 뜨고 지나온 길 뒤 돌아본다

흩날리는 눈발
흐릿한 허공 속으로 열차는 달리는데
나는 우두커니 앉아
무엇하러 어디로 가고 있는가

허공의 마음으로

가는 겨울 잡지 말고
오는 봄 막지 말자
쫓아내지 않아도 갈 것은 가고
기다리지 않아도 올 것은 온다

예토의 연꽃은
흙탕물에도 더러워지지 않고
구름장이 제 아무리 두터워도
하늘의 푸르름을 가릴 수 없다

세월이 아깝다고 묶어둘 수 없듯이
늙는 것이 서럽다고
흐르는 인생길을 막을 수 있겠는가

비가 오나 눈이 오나
임이야 오건말건 꽃이야 피건 말건
언제나 한결같은 허공의 마음 되어
오는 것은 오게 하고
가는 것은 가게 하자

나와 꽃이 둘이 아니다

내가 꽃의 이름을 모르는 것은
꽃을 보지 못했기 때문이다
내가 꽃을 보지 못한 것은
내 눈이 아름다움을 보지 못하는
색맹이었기 때문이다

예나 지금이나 산야에는
꽃들이 피어 있었지만
지금 보이는 꽃이 그때 안 보인 것은
내 마음의 용광로에서 타오르는 분노의 연기가
마음의 창을 흐려놓았기 때문이다

산길을 걷는다
머지않아 산과 들에 꽃이 피리라
이제 나는 타는 용광로의 불을 끄고
흐려진 마음의 창을 닦아
꽃을 볼 수 있을 것이다

나는 알고 있는 꽃들의 이름을 불러주어야 하고
이름 모르는 꽃들에게는
이름을 지어주어야 한다
꽃의 이름을 지어주려면 꽃의 마음을 알아야 하고
꽃의 마음을 알려면 내가 꽃이 되어야 한다

꽃이 있기에 내가 있고
꽃이 사라지면 나 또한 사라지는 것
나와 꽃이 둘이 아니다

가슴을 펴고

겨울나무들이 입 다물고 있다고
추억조차 없을소냐
풍찬노숙 살점을 저미는 상흔마저 없을소냐
마음의 동산에는 성하의 잎사귀들 푸르르고
밀림의 낙원에서 새들이 노래한다

헐벗은 나무들이 추억의 창고에서 끄집어낸
맹하의 열정으로
심장의 피를 데워 한파를 몰아내듯
맑고 푸른 지중해 아말피해안 유람선 위에서
지난여름 불렀던 청춘의 노래를
냉기 어린 산 숲에서 다시 한 번 불러보자

가슴 펴고 심호흡하여
스산한 칼바람에 움츠러든 가슴팍 속으로
지난날 한 토막 추억의 심지를 뽑아
얼어가는 마음 밭에 불을 피우자

노년길 인생들이 입 다물고 산다고
사무치는 회한마저 없을 것인가
아물래야 아물어지지 않는 상처인들 없을 건가
허물어진 상처 아물게 할
소망과 기다림의 약을 바르자

꿈이야 없을소냐

말라 시들은 잔디가 뿌리를 떠나지 못함은
봄날의 햇볕이 보고 싶기 때문이다
강둑의 버드나무가
찬바람에도 의젓하게 서 있는 것은
춘풍에 휘늘어질 꿈이 있기 때문이다

영욕에 얽힌 지난 세월
한바탕 꿈이었고
오늘 또한
시들은 잔디, 잎 떨어진 버드나무처럼
삭막하지만
꿈을 먹고 사는 인생
꿈이야 없을소냐

인생이 허무하다지만 꿈이 있어 즐겁고
꿈이 있어 언제나 희망은 있다
겨울 가면 봄이 오고
해가지면 별이 솟고 달이 뜨듯이
가는 것이 있으면 오는 것도 있으리라

인생이 저문다 해도
이 언덕을 지나면 저 언덕이 있으리라
씨앗이 썩어지면 나무가 되고
나무가 자라면 열매가 맺히듯
소멸의 잿더미 속에서
새 생명이 잉태하리라

꿈을 먹고 사는 인생 꿈이야 없을소냐

삶을 탐내지 아니함은

땅에 코를 대고 흙냄새 맡는 것은
내가 떠나왔고
돌아가야 할
고향 냄새가 나기 때문이다

떠오르는 아침 해 바라보며
눈 부셔함은
내 눈동자가 해를 닮았기 때문이다

불고 가는 한 자락 바람에도
이토록 심란해 지는 것은
언젠가는 나의 숨소리가 바람의 집을 찾아
거처를 구해야 하기 때문이다

산새들의 지저귐에 조용히 귀 기울이며
서러워함은
내가 부르는 노래가
새들의 울음이 될 수도 있기 때문이다

내가 삶을 탐내지 아니하고
죽음을 두려워하지 않음은
나와 자연이 둘이 아님을 알기 때문이다

방랑 십만 리

산정의 잔설은 녹지 않았고
찬바람은 아직도 화를 풀지 않았다
봄이 오려면
밤낮 없이
산까치는 더욱 더 짖어야 하리

참회의 동안거가 끝나지도 않았는데
어디론가 훌쩍 떠나고 싶은
주체 못할 유랑의 충동은
무엇에 기인하는가

마지못해 떠나온 전생의 어느 마을
말 못할 사연으로 헤어진
임 찾는 마음인가
이승살이 한세상 정만 주고 떠나신 임
머무는 곳 어드멘지 알고 싶은
그리운 마음인가

가자가자 낯선 땅
미지의 마을
삿갓이 따로 있나 유랑하는 마음이
삿갓의 마음

죽장도 소용없고 삿갓도 필요 없다
내비게이션 말 물어
방랑 십만 리

● 시집 '들불' 작품해설

근원적 사유와 신생의 마음
신보성의 시세계

유성호(문학평론가, 한양대 교수)

1) 삶과 죽음을 동시에 사유한 흔적으로서의 '눈물자국'

우리가 잘 알듯이, 서정시는 시인 자신의 실존적 고투를 실질적 내용으로 삼는 자기 고백의 양식이다. 거기에는 한 시대의 중심 원리로 기능하는 이성이나 문명의 힘과 길항하면서, 시인 자신의 개성적 사유와 감각을 통해 새로운 상상적 질서를 재구축하려는 남모를 열망이 담겨 있다. 물론 그러한 정신은 실험적 전위들이 항용 가질 법한 파격적인 모험 정신과는 거리가 먼 것이다. 오히려 그것은 잃어버린 서정시의 위의(威儀)를 세우려는 고전적 열망과 깊이 닿아 있는 어떤 것이다. 그래서 그 안에는 인간들이 인위적으로 정해놓은 경계나 문명의 표지(標識)들과, 그 경계나 표지를 지웠을 때의 자유로움이 대비적으로 그려진다. 그 자유로움이 바로 우리가 이성과 문명의 주류적 흐름 속에서 잃어버렸던, 서정시가 추구해마지 않는 속성이자 원리일 것이다. 신보성 시인의 시편들은 이러한 서정시의 속성과 원리에 대한 정치하고 섬세한 감각, 그리고 삶의 깊은 근원과 구체성에 착목한 의미 있는 결실이다. 그는 우리 시대의 불모성에 대한 유력한 시적 항체를 만들어 냄으로써, 자신만의 고전적이고 섬세한 사유와 감각을 선보이고 있는 것이다.

이번에 새로이 펴내는 제3시집 '들불'은, 일차적 외관으로 본다면, 지나온 시간에 대한 그리움과 서정을 결속한 산뜻한 결실이라고 할 수 있다. 시인은 자신이 살아온 삶에 대한 애틋함을 발화하면서 삶과 죽음을 동시에 깊이 사유한다. 그 사유를 통해 가 닿는 '시간의 깊이'야말로 신보성 시인이 남기려고 하는 가장 고유한 시적 흔적이라 할 것이다. 따라서 우리는 이러한 그만의 성취를, 삶과 죽음에 대한 깊이 있는 사유와 새롭게 다가올 시간에 대한 밀도 있는 감각의 차원에서 살펴볼 수 있을 것이다.

아닌 게 아니라 신보성 시인은 "시인의 눈으로 바라보는 꽃은 / 형상과 의미가 전혀 새롭게 느껴지는 것"이었고, 이제 이번 시집에 이르러 "울음을 그치려고 무던히 노력했으나 / 아직 눈물자국이 / 완전히 마르지"(시인의 말)는 않았다고 고백한 바 있다. 그러한 시인의 깊은 시선으로 발견된 사물들과 함께 우리는 그가 수행하는 삶과 죽음에 대한 동시적 사유를 선명하게 경험할 수 있을 것이다. 이제 삶과 죽음을 깊이 사유한 흔적으로서의 그만의 '눈물자국'을 섬세하게 따라가 보기로 하자.

2) 근원 탐구와 삶의 구체성

신보성 시편들이 원초적으로 기억하고 있는 원형적인 시적 수원(水源)은, 자신이 나고 자란 '고향'에서 일차적으로 찾아진다. 또한 시인의 기억을 형성하는 보편적인 제재 역시 우리가 흔하게 접할 수 있는 자연 사물들에 놓여 있다. 이러한 '고향'과 '자연'이 구성해 가는 '기억의 시학'이 말하자면 신보성 시학의 가장 근원적인 풍경이라고 할 수 있다. 그만큼 그는 고향을 환기하는 시공간에서 생의 근거(ground)를 탐색하고 발견하고 구성하는 시인이다. 가령 시인은 "불현듯 / 북받치는 가슴 치고 뭉클 뭉클 떠오르는 / 임 생각 / 고향 생각"(「그곳에도 꽃이 피겠지」)에 깊이 잠겨 있다가 "사람이 고향을 찾는 것은 / 어머니의 태중 속 순수와 사랑을 / 그리워하기 때문"(「귀향의 출발신호」)이라고 고백한다. 이러한 고향과 자연을 통한 근원 탐구 의식은 그의 시세계를 자욱하게 채우고 있다. 그 자연 풍경 가운데 하나를 가장 강렬한 영상으로 포착한 다음 시편을 읽어보자. 시집의 표제작이기도 하다.

저건
부활의 몸짓이다

미움을 태워버린 사랑의 화신이다
썩어진 밀알의 푸르른 새싹이다
더러움 씻어내는 연꽃의 축제이다
새 쑥을 움틔우는 벌레들의 번제이다

농부들은
식어버린 들불의 재에서
사리를 찾으려 하지 않고
무녀처럼 춤추는 나신의 치마폭에
오염되지 않을 푸성귀 몇 포기쯤 바라는
소박한 원을 담아 재를 올린다

저건 억눌린 백성들의 신음소리다
절망의 늪에서 소리치는
한 가닥 희망의 울부짖음이다
아니, 아니,
저것은 외나무다리에서 만난 원수들이
나누는 화해의 술잔이어야 한다

저것은
불타가 행하시는 자비의 설법이다
—「들불」 전문

자욱하게 들을 태우는 불길을 두고 시인은 여러 층위의 은유를 하나하나 길어 올린다. 먼저 시인은 그 들불이 "부활의 몸짓"이라고 규정한다. 지상의 번쇄한 것을 하나하나 태우고 새로운 생성을 예비하는 몸짓으로 해석한다. 이처럼 사랑과 재생과 정화(淨化)와 새로움을 만들어내는 축제의 장(場)이 말하자면 '들불'이 거느리는 은유의 현장이 된다. 그런데 그 '들불'의 식어버린 재에서 농부들은 사리를 찾지 않고 그저 소박한 원(願)을 담아 재를 올릴 뿐이다. 그러니 자연스럽게 '들불'은 억눌린 백성들의 신음소리를 담고, 희망의 울부짖음으로 번져가고, 화해의 술잔으로 이어지지 않겠는가. 그렇게 모든 것이 타고 남은 후에 시인은 그 자리에서 "불타가 행하시는 자비의 설법"을 듣고 있다. 그 설법의 내용이 바로 사랑과 희망과 화해일 것이다. 모든 것이 타버린 후의 폐허 속에서 새로이 돋아나는 근원적 질서를 상상하고 채집하고 표현하는 시인의 품과 격이 아름답고 경이롭다.

이처럼 시인은 "억겁을 공들인 한 생의 사랑이 / 허름한 담장에서 / 소리 없이"(「개나리」) 저무는 곳에서도 생성의 몸짓을 발견하면서, 비록 "아름다운 것은 오래 머물지 못"(「목련」)할지라도 그 아름다움이 바로 우리들 생의 형식을 가능케 하는 근원적 힘임을 절절하게 노래하고 있다. 이러한 원초적 상상력이 만든 결실이 바로 「들불」일 것이다. 그 강렬한 영상이 다음 시편에서는 아름다운 삶의 구체성으로 이어진다.

시장 골목 입구
할머니가 미끄러져 내리는 햇살을
하얀 머리칼로 받으며
돗자리에 앉아 쑥을 팔고 있다

할머니는 쓰리고 아픈
이 나라의 역사 선생이다
해방과 전쟁, 보릿고개와 4월혁명,
군사통치, 그리고 민주회복이란
소용돌이치는 현대사의 명암을
그의 일그러진 얼굴로 열강 중이다

할머니의 주름진 얼굴 위로
떠나온 고향 가버린 임들의
애잔하고 슬픈 모습과
고단한 노동의 시간들이 겹쳐진다

호롱불 밑에서 눈물로 먹을 갈아
사돈지를 쓰시고
밤의 고독을 다듬이 방망이로 달래다가도
명주 베틀 위에서 설움을 직조하시던
아픈 기억의 창고 속으로

나를 몰아넣는다

쑥 한 봉지 사들고 빌딩의 유리창에
내 얼굴 비춰보니
내 얼굴이 할머니 얼굴 같고
할머니 얼굴이 내 얼굴 같다
—「쑥 파는 할머니」 전문

시장 골목 입구에서 쑥을 팔고 있는 '할머니'를 대상으로 삼은 이 시편은, 신보성 시학이 어떤 근원을 지향하면서도 현실적인 구체적 지반을 거느리고 있음을 실증한다. 할머니는 흰 머리칼로 햇살을 받으며 "쓰리고 아픈 / 이 나라의 역사 선생"으로서의 굵고 견고한 모습을 하고 계시다. 해방과 전쟁, 보릿고개와 혁명, 민주회복 같은 "소용돌이치는 현대사의 명암"을 할머니의 일그러진 얼굴이 다 담고 있기 때문일 것이다. 그 주름진 얼굴에 "떠나온 고향"이나 "가버린 임들의 / 애잔하고 슬픈 모습" 그리고 스스로 다져온 "고단한 노동의 시간들"이 모두 들어 있다고 시인은 읽는다.

그렇게 눈물과 고독과 설움을 직조하던 "아픈 기억의 창고"가 시인의 뇌리 속으로 다가오게 된다. 그리고 할머니가 파는 쑥 한 봉지 사들고 빌딩 유리창에 얼굴을 비춰본 시인은 "내 얼굴이 할머니 얼굴 같고 / 할머니 얼굴이 내 얼굴 같다"는 자각에 가 닿는데, 그때 시인 자신이 곧 이 나라의 역사와 함께 걸어오면서 고향을 떠나왔고, 고단한 시간을 보내왔으며, 아픈 기억들을 쌓아온 세월을 가지고 있음을 알게 되는 것이다. 오랜 시간 흔들리며 살아온 자신에 대한 연민과 긍정이 교차하는 애잔한 시편이 아닐 수 없다.

시인은 "한 줌 바람이고 싶어라 / 형체 없이 떠도는 바람이고 싶어라"(「바람이고 싶어라」)는 소망과 함께 "서러운 생각들 줄줄이 풀어 / 오동나무 줄기와 가지 씨줄과 날줄로 엮어 / 실바람에도 / 물결 따라 떠내려 갈 뗏목 하나 만들리라"(「지리봉 비단길」)는 다짐을 동시에 한다. 그 순간 허무와 생의 긍정이 순간적으로 결속한다. 비록 "만상이 무상이요 만법이 무아""(「무명無明」)일지라도 "지평선 저 너머에 / 누군가 날 기다리고 있는 사람 / 있을 것 같은 생각"(「철길」)을 놓치지 않고 그는 그리움과 기다림에 충실하며 살아간다.

자연스럽게 시인은 "우리들 청춘 지나갔어도 / 차안보다 광휘로운 피안이 있음을"(「마음은 언제나 청춘」) 자각하면서, 자신이 살아온 구체적 시공간을 통해 사람살이의 여러 양상을 사실적으로 노래하게 된다. 이때 우리는 우리 시대의 폭력성에 의해 밀려난 어떤 경험적 실재들을 어두한 풍경 속에서 바라보게 된다. 그의 시편들을 통해 "사랑하는 사람의 가슴 속에는 / 겨울에도 얼지 않는 뜨거운 심장"(「사랑의 맹세」)이 있음을 경험하게 되는 것이다.

3) 울음의 감각과 죽음의 사유

좋은 서정시는 '실재'와 '상상' 혹은 '현실'과 '꿈' 사이의 긴장 속에서 착상되고 발화된다. 한 편의 시 안에서 이성의 철저한 통제에 의해 파악되는 현실이나 감정 과잉에 의해 감싸여 있는 몽상은 인간의 복합적 인식과 정서를 단면적으로 반영한 것일 수밖에 없기 때문이다. 그만큼 우수한 서정시는 우리의 복잡한 현실을 순간적으로 재현하면서도, 그것을 치유할 수 있는 상상적 대안 세계를 상징적으로 마련하여 현실과 꿈의 복합적 접점을 풍요롭게 언표한다. 자연스럽게 그것은 우리를 둘러싸고 있는 불모의 현실과 그것을 견디고 치유하려는 꿈 사이의 긴장에서 발원되고 있는 신생의 기록으로서, 생의 불모성과 싸우면서 그것을 회복하고 치유하려는 열망과 의지에 의해 완성되는 어떤 것이 된다. 이러한 회복과 치유를 가능하게 하는 신보성 시인만의 형질이 바로 '울음'의 감각일 것이다. 말하자면 그는 '울음' 속에서 생의 회복과 치유를 상상하고 열망한다.

울어라
단장의 슬픔은 울음이 명약이다
기쁨의 절정에서 울음이 터지고
슬픔도 지나치면 울음마저 막혀버리지만
울어야 한다
영혼에 묻은 때는 울음으로 씻어내며
미워하는 마음도

건조해진 마음의 안구에 울음의 물약을 뿌려야 한다
새들도 여명의 새아침을 울음으로 시작하고
하늘도 마음이 아프면
울음으로 번뇌의 먹구름 걷어낸다
울음은 마음이 따뜻한 자의 가슴에서 솟아나는
샘물 같은 것
울어야 한다
울고 싶을 때 울어야 한다
나와 내 가족을 위해서
불행한 이웃을 위해
나라와 겨레를 위해서 울어야 한다
가신 임을 위해서
못다 이룬 꿈을 위해서
내 슬픈 영혼의 안식을 위해서
울어야 한다
—「울음의 미학」 전문

이 시편의 화자는 '울음'이야말로 우리들 생을 정화하고 완성하는 둘도 없는 자양(滋養)임을 노래한다. 단장의 슬픔에는 '울음'이 유일무이한 명약이기 때문이다. 비록 기쁨과 슬픔이 교차하는 인생이지만, 그 어느 순간에도 '울음'이 필요하다고 시인은 강조한다. 그만큼 '울음'은 영혼의 때도 씻어내며, 증오나 건조한 마음도 정화한다. 새들도 울음으로 하루를 시작하고, 하늘도 울음으로 먹구름을 걷어내지 않던가. 그렇게 '울음'은 슬픈 영혼을 적시는 따뜻한 샘물 같은 것이 아닐 수 없다. 그러니 우리는 울고 싶을 때 울어야 하고, 나와 내 가족과 이웃과 나라와 겨레를 위해 울어야 한다. 더욱이 "내 슬픈 영혼의 안식을 위해" 온몸을 다해 울어야 한다. 이러한 '울음'의 미학은 고스란히 우리들 생의 형식을 암시하게 되는데, 말하자면 시인은 우리들 삶의 기저(基底)에 '울음'이 편재성(遍在性)으로 녹아 있음을 폭 넓게 승인하고 있는 것이다. '웃음'의 한시성이 아니라 '울음'의 항구성을 통해 삶을 파악하고 정화하고 회복하고 치유하려는 시인의 열망은 그래서 역설적으로 희망에 값한다.

또한 그의 시편들은 지나간 시간에 대한, 그리고 우리가 무심코 흘깃 지나칠 법한 소소한 풍경에 대한 남다른 사유를 선보인다. 우리는 이때 그의 사유가 아스라한 그리움과 따듯한 비애에 의해 감싸여 있다는 사실을 알게 된다. 물론 그의 시적 사유는, 나날의 일상을 규율하는 합리적 운동 형식이 아니라, 가장 근원적인 생의 형식이기도 한 '죽음'에 대한 깊은 감각으로 이어지게 된다. 삶과 죽음이 대립적인 것이 아니라, 생을 구성하는 양대 축임을 그는 스스럼없이 노래하고 있는 것이다.

이 세상 떠나갈 때

이런 곳 안 들르고 그냥 갈 순 없을까

대합실 앉아
전광판 이름 뜨기 기다리는 사람들
행선지도 모르는 차표 한 장 사들고
차 오기를 기다리는가

한 세상 여행길 즐거운 날도
더러는 있겠지만
생로병사 그 모두가 고통이어서
다시 오지 않으리라 서러운 이 세상

죽음이란 이름의 절대적 평등 앞에
권력자도 부자도 그 어떤 인기인도
고개 떨구며 겸손해지는 곳
오월의 신록이 아무리 무성해도
죽음의 나루터엔 낙엽이 진다

이 세상 하직할 때
아침밥 잘 먹고 소풍 가듯
가는 자도 남은 자도 마음 편히
조용히 가고 싶다

—「그냥 갈 순 없을까 – 병원에서」 전문

병원에서 깨달아가는 삶의 역설적 이법(理法)을 담은 이 시편은, 이 세상이 삶과 죽음의 양면성으로 이루어졌음을 새삼 노래한다. 시인은 이 세상 떠나갈 때 병원 안 들르고 "그냥 갈 순 없을까" 하고 묻는다. 세상 여행 즐거운 날도 있었겠지만 "생로병사 그 모두가 고통"이어서 세상은 근본적으로 서러운 곳이기 때문이다. 그래서 다시 오지 않으리라 다짐하지만, "죽음이란 이름의 절대적 평등" 앞에서 시인은 겸손해지는 자신을 느낀다. 그러니 오월의 신록이 무성해도 곧 죽음의 나루터에 닿아 낙엽이 지는 것이 아니겠는가. 이처럼 이 작품은 노경(老境)의 화자가 이 세상 하직할 때 마치 "아침밥 잘 먹고 소풍 가듯" 마음 편히 갈 수 있는 죽음의 방식을 희구하면서, 삶의 근원을 궁구하는 애잔하기 그지없는 시편이라 할 것이다.

그렇게 시인은 "가을엔 / 눈물 많은 여인이 아름답다"(「가을에 아름다운 여인」)고 노래하거나 "나 죽어 이 세상 다시 온다면/형체도 그림자도 없는 / 한 줄기 바람이 되고 싶다"(「임 찾아 나서리라」)고 노래함으로써, 소멸해가는 시간에 대한 강렬한 애착을 표현한다. 그리고 "죽음은 소멸이 아닌 / 육신의 옷을 벗고 원초적 고향 찾아 / 떠나가는 귀향의 출발신호"(「귀향의 출발신호」)라고 비유하면서 이제는 "앞만 보고 달리던 발이 옆으로도 갈 줄 알고 / 뒷걸음도 칠 줄 안다"(「즐거운 노년」)고 노경의 고백을 이어간다. 일상의 소소한 자각으로부터 거대한 인생론적 깨달음에 이르기까지, 그의 시편들은 "깨어 있는 영혼, 자유의 기백으로 / 푸른 하늘 훨훨 / 우리네 인생길"(「까치의 교훈」)을 암시적으로 들려준다. 이 모든 것이 시인이 "삶을 탐내지 아니하고 / 죽음을 두려워하지 않음은 / 나와 자연이 둘이 아님을 알기 때문"(「삶을 탐내지 아니함은」)일 것이다. 웅숭깊은 인간적 성숙과 깊은 사유가 흠씬 느껴지는 대목이다.

4) 다시 신생의 발걸음으로

일반적으로 서정시는 회상과 기억의 형식으로 씌어지게 마련이다. 그래서 현재에 대한 강렬한 지향을 노래할 때조차 서정시는 지나온 시간들을 아득하게 응시하고 표현한다. 신보성 시편들은 이러한 서정시의 원리에 매우 충실한 성과로서, 그는 일관되게 자연 풍경 속에서도 시간의 깊이를 읽고, 그 안에서 우리 존재의 근원을 상상하는 시인이다. 그의 시편들은 형식상으로는 단아하고도 간결한 서정 양식을 취하면서, 내용상으로는 신산한 세월을 지나온 이의 견결한 시정신을 담고 있다. 이처럼 오랜 시간 축적해온 삶의 증언을 깊은 사유와 감각을 통해 표현하고 있는 신보성 시인은, 지나온 시간들을 추스르고 응시하면서 자신의 생의 형식에 대해 깊이 성찰하는 품을 이번 시집에서 보여주었다. 그리고 자신이 살아온 시간들을 기억하고 반영하는 데 머무르지 않고, 그

세계를 해석하고 판단하면서 궁극적으로 가장 근원적인 생의 형식에 대하여 묻고 있는 것이다. 다음 시편은 그러한 사유의 종착역이 소멸 지향성이 아니라 새로운 신생 지향성에 있음을 보여주는 뜻 깊은 실례이다.

알 수 없는 일들이
인생의 가는 길 가늠할 수 없게 할지라도
가시덤불 걷어낸 행로 위에
봄꽃을 호미삼아 꽃씨를 뿌린다
가시 박힌 가슴이야
한 평생 옥죄이는 질곡이지만
아직도
내 육신 견딜 만하고
사랑하는 마음
그리운 가슴 속에
기다림이 남아 있다는 것이
얼마나 고마운 일인가
건강 잃은 육신이 모든 것 잃어가듯
꿈을 잃은 영혼도 모든 것을 잃으리라
흘러도 흘러도 다시 솟는 샘물처럼
날마다 새롭게 떠오르는 태양처럼
사랑할수록 시들지 않는

사랑꽃 이파리에 그리움의 물을 주며
날마다 날마다
새롭게 살아가리라
—「날마다 새롭게」 전문

앞으로 펼쳐질 삶의 길이 비록 알 수 없고 가늠할 수 없는 것일지라도, 화자는 가시덤불 걷어낸 위에 새로운 가능성을 심는 마음으로 시를 쓴다. 비록 가시 박힌 가슴일지라도 견딜 만한 육신과 사랑하는 마음 그리고 그리움과 기다림의 열정이 남아 있으니 자신은 "꿈을 잃은 영혼"이 아니라 "흘러도 흘러도 다시 솟는 샘물"과 "날마다 새롭게 떠오르는 태양"처럼 새롭게 살아갈 것이라 다짐한다. 사랑과 그리움의 힘으로 시들지 않는 신생의 기운을 길어올리는 그의 품이 참으로 넓고 깊다. 그렇게 그는 "허물어진 상처 아물게 할 / 소망과 기다림의 약"(「가슴을 펴고」)을 우리에게 선사하고 있다.

우리가 잘 알고 있듯이, 우리 시대에는 미시적 세공보다는 삶의 성찰적 기능과 역설적 희망의 담론을 구축해가는 시편이 요긴하고 또 종요로운 권역을 제공하는 경우가 많다. 지금까지 우리가 읽어왔듯이, 신보성 시편은 '울음'과 '고통'에 대한 자기 위안과 치유의 속성을 강하게 견지하면서, 사랑과 그리움의 언어를 통해, 삶의 성찰적 기능과 역설적 희망의 담론을 제공하였다. 그리고 근원 탐구와 구체성의 시학, 울음의 감각과 죽음의 사유, 그리고 다시 신생을 지향하는 마음을 연쇄적으로 보여주었다. 비록 "어디론가 훌쩍 떠나고 싶은 / 주체 못할 유랑의 충동"(「방랑 십만 리」)을 가지고 있는 낭만적 시인이지만, 여전히 그는 생의 근원에 대한 이러한 깊은 사유와 감각을 바탕으로, 성찰의 자장(磁場) 안에서, 그만의 시편들을 써갈 것이다. 그 아름다운 완성의 과정이 다음 시집을 채워갈 것이다.

신보성 제3시집
들불

인쇄 2011년 12월 25일
발행 2011년 12월 28일

지은이 신보성

펴낸곳 여행마인드(주)
발행 · 편집인 신수근
편집디자인 윤선미

등록번호 제300-1997-103호
주소 서울 관악구 청룡동 1592-9 동산빌딩 403호
전화 02-877-5688
팩스 02-6008-3744
이메일 samuelkshin@hanmail.net

ISBN 978-89-88125-17-5
정가 10,000원